허공 층층

한영숙 시집

상상인 시인선 018

표지그림 : 최재창

작품명 : 청실홍실 시리즈 21-22

- 광주사범대, 홍익대학교 산업미술대학원 졸업
- 제2회 국제현대미술 광주아트비전 참가 및 총감독 역임
- 광주시립미술관 개관 20주년 기념전 초대
- 파리 오르세 미술관 요셉 갤러리 한국 작가 초대전(프랑스 파리)
- 파리 루브르 박물관 국제아트엑스포 현지 참가(2017)

수상
- 파리 루브르 국제아트엑스포 국제교류상(한국미협 이사장상)
- 한국미협전 특별상 수상(국립현대미술관)
- 전매 대상전 특선
- 시전, 도전 특선 및 서양화 부문 우수상
- 대한민국 공예대전 특선(국립현대미술관)
- 동아공예대전 동아공예상(금속 분야 금상 수상)
- 현산문화상 미술본상 수상

허공 홀홀

* 저자의 의도에 따라 작품의 보조 동사와 합성 명사는 띄어쓰기가 달라질 수 있습니다.

* 본문 페이지에서 한 연이 첫 번째 행에서 시작될 때에는 〈 표기를 합니다.

추천사

　서정시의 가장 중요한 모티브는 외로움과 애상일 것이다. 누구라도 인간적인 삶의 형식에서 벗어나지 못한다. 헛헛하기 때문에 우리는 자신을 타자의 감정에 기대거나 잠입을 시도한다.

　한영숙 시인의 시적 언어는 왜곡이 없다. 그녀의 시어는 빛에서 차용한 것이 많아서인지 슬픔조차 맑다. 섣불리 일탈하거나 허무에 빠져들지 않는 조화와 균형이 시편들의 매력이다. 또한 일상과 시적 대상이 올곧다. 헛된 수사를 쓰지 않음으로써 시의 언어가 제대로 자리매김할 수 있도록 조력한다.

　어떤 사실을 깨닫기 위해 몸부림치지 않고 스며들 때까지 기다린다. 윤리적 주체로서 처해있는 나를 먼저 관찰한다. 내면에 쌓인 시간과 기억의 파편들이 현실과 불화를 원치 않는 허공 층층에서 시적 진실을 목도할 수 있다.

_ 조선의(시인)

시인의 말

방향을 잃고
공터 땅바닥에 음표를 그린다
음소거된 노래들이
꽃구름 피운다

살면서
까마득히 사라질 때까지
서로를 밀어내지 않았는지

이제
마음의 길을 피웠으면 좋겠다

2022년 가을
한영숙

■ 차 례

1부

배롱나무	21
꽃구름 공터	22
가면의 표정	24
물속에 잠긴 구름	25
나만의 화살표	26
샤프심	27
시간의 층	28
익숙한 신발	30
동백꽃 어머니	32
온통 초록 세상	33
말에도 구석이 있다	34
매미 허물	36
기억 너머	37
강물의 실루엣	38

2부

머뭇거리는	43
내 안의 회전문	44
포스트잇	45
빈 의자	46
그물 짜기	47
곧이곧대로 정보	48
제비집	49
부추꽃	50
말하는 낙서	52
돌	54
나비의 집	55
어머니	56
묘약	57
흔들리면 집착이 아니지요	58

3부

어둠은 빛으로 가는 중	63
유리잔 속의 봄	64
나와 우리를 위한 꿈	66
홍등	68
살구나무	69
아름다운 황혼을 꿈꾸며	70
바라보다	72
언어라는 삶	73
충만	74
어느 여름 백록담	75
어떤 경험	76
벚꽃길	77
파문	78
모과	79

4부

서랍의 일상	83
거미	84
레이크 루이스	85
동지	86
금계국	87
시간의 흔적	88
근시	90
복돌이	91
가로등	92
배추 농사	93
낡아가는 기억	94
마네킹	96
안부	97
길	98

해설 _ 풍경으로 환치한 '허공 층층' 노래들   101
김 종(시인·화가)

1부

오래된 풍경이 자리를 비켜줍니다
오후의 한때가
텅 비워지고
잠시 봄이 들어왔다 나갑니다

-「꽃구름 공터」부분

배롱나무

기척도 없이 성스러운 의식이 한창이네

그리움을 앞질러 가려는지
한꺼번에 꽃이 피고 있네

닿지 못할 골목 어귀까지
꽃 소식 알리려고 나뭇잎이 나풀거리네

미끈한 속살 아래로
물감이 똑똑 떨어질 것 같은 나무
선혈이 낭자하도록 안간힘을 다하네

불티를 간직한 꽃들이
허공 위로 여름을 끌어올리면
나로부터 닫혀 있던 마음이 활짝 열리네

꽃 그림자조차 붉어 눈물이 따끔거리네
나도 뜨겁고, 너도 뜨거운 백일 간!

꽃구름 공터

1. 공터

오래된 풍경이 자리를 비켜줍니다

오후의 한때가
텅 비워지고

잠시 봄이 들어왔다 나갑니다

2. 헛꿈

알 수 없는 공허는
밀담을 채색합니다

빗나간 계절이 덜컹거리고

어젯밤 굴절된 꿈이
혀끝에 매달립니다

3. 수선화

꽃빛이 고이는 곳은
깊고 고요합니다

햇살에 찔린 기억조차
차츰 유순해집니다

누군가와 말을 하는 지금

4. 안개

도시의 뾰족한 소음들이
차곡차곡 쌓입니다

흩어지던 다른 방향들이
한곳으로 합쳐지는

오늘의 기류 또는 군집

가면의 표정

나만의 표정,

감정에 따라 변하는 가면입니다

웃는 얼굴은 주변을 편안하게 하지만

그 웃음의 근원을 찾지 못해

속마음을 감추고 피로감을 느껴본 적이 있지요

눈물의 절벽도 있고요

완벽한 가면을 만들기 위해 전전긍긍해 본 적도 있습니다

위선, 가식, 이중성에도 품위가 있는지요

당신의 매력을 높여줄 캐릭터는 괜찮은가요

다 쓰지 못한 나의 진짜 모습

지금 누가 훔쳐보고 있습니까

물속에 잠긴 구름

물속 피라미들, 꽃구름이 내려와 개울에 잠기네

산 그림자 드리운 수초는 물빛에 어른거리네

한때 뜬구름 잡겠다는 시절 있었네

화수분 같은 욕망에 파고가 치솟네

잔잔히 흐르던 개울물에 크나큰 상처가 생겼네

눈물 속에서 핀 저 피라미들, 누가 훔쳐 갔을까

나만의 화살표

나다운 모습 만들어가는 것
그런 화살표를 원하지요

때로는 소중한 것들이
빠져나가는 것을 어찌할 수 없었어요

중요한 터닝포인트 앞에 서 있습니다

두렵고 막막한 인생의 벼랑길에서도
손잡아주는 사람 있어 이곳에 있습니다

때로는 당신이 올 때
회오리에 이정표가 흔들리기도 하겠지만

그 한 걸음은 나의 믿음이지요

샤프심

샤프심이 뚝 끊어졌다
밑줄 치고 꼬리표를 다는데
심술 난 아이처럼 앙탈을 부린다
선물로 받았던 샤프펜슬
오랜 시간 함께했던 날들
권태로움의 신호일까
작동이 멈춘다
아주 작은 샤프심 투입구를 분해한다
하이퀄리티의 흑연 0.5 샤프심
동그란 구멍에다 합체를 해봐도
기능을 잃어버린 샤프심은
도통 반응이 없다
머리채 잡아 뜯듯 움켜쥐고
소실점보다 작은 원형 구멍 찾아
가냘픈 흑심을 꾸역꾸역 밀어 넣어 본다
그간 내 몸에서 빠져나간 문장이
딱깍딱깍 이상신호

시간의 층

느린 오후는 얼마나 낭만인가

균형을 잡으려고 몸부림쳤던

서른 살 꿈이 싱싱하게 꿈틀거리네

발끝에 나뭇잎 하나 툭 차이고

상처의 흔적조차 빛이 바래면

아무 추신도 없이 가을이 가려하네

홀로 걸은 발자국에 찰박거리던

꽃그늘이 짙어지네

나비 날개가 서서히 굳어져 갈 무렵

살아가는 한 마디에도
〈

가슴은 뭉클, 고적하네

가을을 걸으면

바스락거리는 지난날이 붉어지려 하네

나의 시간을 더디게 받아 읽는

오후 5시네

익숙한 신발

발자국 소리가 엇박자를 내더니
흐느적거리는 걸음새가 지난날을 관조한다

이상과 현실의 간격을 좁히듯
고단했을 삶의 흔적
타협점을 찾아보지만 녹록지 않다

돌멩이에 차였던 아픔도
가시밭길에 찢기었던 기억도

헐거워지고 낡아도
새로운 것보다 볼품없어도
익숙한 것이 더 소중한 나이가 된 듯

길을 찾아 낮게 포복한
삶의 무게에 질식당하지 않으려
상처 난 생도 묵묵함으로 견딘다

고된 여정에도 설렘과 호기심
기울어진 뒤축을 마주한 신발은

막연한 슬픔에 소스라칠지도 모른다

느리고 슬프게, 빠르고 비통하게
때로는 서성이듯 경쾌하게
길 찾아 지구를 찾아 떠돌았으나

발자국 하나 남기지 않고
인생길을 걷게 해준 신발에게 경배한다

새로운 꿈을 좇아 신발 끈을 꽉 묶는다

동백꽃 어머니

황금빛 꽃술을 머금고 있네

터질 듯 쉽게 열지 못하는 몸

단아하게 생을 깨우려 하네

가슴속에 불티를 간직한 동백꽃

꾹꾹 삼킨 눈물이 죄스럽기만 하네

존재의 불안만으로 서럽기만 한데

새벽까지 환하게 밝힌 등불

어느 날 뚝 떨어진 모습을 보며

어머니가 그리워 울었네

울지 마라 울지 마라 아가, 아가,

어디선가 어머니 목소리가 들리네

온통 초록 세상

가슴으로 스며드는 초록

소문의 적요를 따라 앞서거니 뒤서거니

가만히 귀엣말 흘리듯 색의 층위를 이루고 있네

야생의 풀은 일념(一念)을 이룬 기품이 있네

안개가 발끝까지 떠밀려오네

나무 한 그루 키우지 않는 사랑을 사랑이라 할 수 있을까

공기 가득 상쾌해지면

이파리들의 백일몽은 초록성이었네

말에도 구석이 있다

마음 안쪽 잘 드러나지 않는 곳

포근하게 와닿는 언어들이

차가운 가슴을 위무하기도 한다

오래도록 밤하늘을 쳐다보며

이탈한 별자리를 가늠해 본다

견디는 생의 벼랑이 가끔은

날 선 말로 인하여 생기기도 한다

어느 곳이나 구석이 필요하듯이

알 수 없는 힘에 짓눌릴 때면

삶의 긴장을 해소할 방법이 있어야 한다
〈

생각이 먼지처럼 일어서는 날

거친 말들을 품어줄 수 있는 마음으로

내 안의 후미진 곳을 환하게 밝히고 싶다

매미 허물

탈피를 끝낸 성긴 울음을 본다

행여 다칠세라
조심스럽게 소리를 쥔다

제 일생을 빠져나간 매미는
어딘가 터를 잡고

한 계절 살아 있는 울음으로
허공이 떨리고 이명을 앓기도 했다

제 허물을 벗지 못해 나도 운다

기억 너머

나뒹구는 추억을 모아 본다

마음에 커다란 숲 하나 생긴 것처럼 기분 좋아지는 순간은 덤이다

눈 감지 않아도 의미를 알게 되고

아련함이 내 안에 꿈틀거린다

과거로의 시간여행은

잊을 수 없는 당신에게로 되돌아가는 것

그리움이 기억 너머를 서성인다

지우개로 지워도 지워지지 않는 숙명의 기억아

이제 잠 좀 잘래

강물의 실루엣

물살 위로 반짝이는 생각들이 일렁입니다

첫발 떼는 마음인지
햇살 사이를 수초들이 파고듭니다

수면 위로 뛰어올라 곡예를 부리는 물고기가
작은 물보라를 일으키면
어깨를 축 늘어뜨린 강기슭이 두근거립니다

물풀의 싱그러운 향기와
강바람이 불어와 기분까지 상쾌해집니다

무엇을 덜면 평안에 이르는지
무엇을 가져야 이르는지 생각해봅니다

그냥 흐르는 강물입니다

2부

쪽문을 두드리던 매화가
묵은 얼굴들의 매듭을 푸는지
한두 송이씩 흔들린다

-「머뭇거리는」 부분

머뭇거리는

허공 층층 꽃망울이 머뭇거린다

쪽문을 두드리던 매화가

묵은 얼굴들의 매듭을 푸는지

한두 송이씩 흔들린다

배수진을 친 꽃샘추위에도

발끝에 걸려 있는 하얀 겹의 시간

흔적은 그리움으로 남아

잊히지 않는 얼굴들

머뭇거림이 당신을 놓치면

나는 내내 머뭇거림을 붙들고

내 안의 회전문

속도와 길은 직진을 요구한다
어느 날 내게 장착된 회전문

나쁜 감정이 불쑥 끼어들면 자동으로 멈추겠지

생각을 돌리고 마음을 누그러뜨리면
유쾌한 기분은 유리벽 안에 가득 차고
낯선 사람과 조우하며 인연이 스치기도 한다

참을 수 없을 만큼 빙빙 도는 인생

절망과 공허함에 휩싸인 투명 울타리
반걸음만 내디디면 바로 밖인데

앞으로 나아갈 수 있는 힘으로
인생의 문을 통과할 때 뿌듯하게 자유를 꿈꾸던 시간

나만의 회전문을 설치하고 싶다

누구라도 나를 통과할 수 있도록,

포스트잇

생각의 도돌이표를 찍는다

아동문학 전집에 불규칙한 간격으로 붙어 있는 포스트잇이 구겨져 있다

손때가 켜켜이 묻어 있는 낱장의 내력

중요도에 따라 색깔별로 부착하고 기억을 정리해둔다

곱던 단풍잎 책갈피에 꽂아 달빛에 실려 보낸 소녀의 사연

포스트잇만 봐도 생각이 골똘해진다

호롱불 거스름을 잠재우며 읽어 내려간 깨알 같은 활자들

비밀 하나쯤은 포스트잇을 건너뛰기도 한다

표지 밖으로 멀어지는 생각을 붙잡는 포스트잇

오래 묵은 색들, 그날의 노랑이 페이지를 붙들고 있다

빈 의자

누군가의 흔적

누군가의 미래

몸을 내어준 나무의 아픔

선한 신의 몸 같다

비워짐으로써 채워지는

빈자리가 되고 싶다

그물 짜기

거미줄에 걸려든 햇살 한 자락

이슬을 머금은 풀과 나무들 사이
거미 한 마리가 씨줄과 날줄을 걸어
삼엄한 일생을 펼치고 있다

허공을 딛고
저 수많은 인연의 연결고리들을 만들었다

흔들리는 높이에서
촘촘한 욕망은 유혹으로 부풀고
온 신경을 다해 필생의 그물 짜기를 한다

걸려드는 건 자신의 그림자뿐

거미줄이 아침햇살로 눈부시다

곧이곧대로 정보

현혹하게 하는 말로 사람들을 휘두르기 바쁘다

내 귀는 세상으로 쉽게 믿는다

진위를 구별하는 방법은 나의 몫이다

곧이곧대로 바라볼 필요가 있다

한니발에게는 로마군이 트라시메노 호수를 지나간다는 사실만 있었던 게 아니다

호수가 안개로 자욱해진다는 날씨, 호반이 좁은 길로 되어 매복이 유리하다는 이점도 있었다

완벽하게 이길 수 있다고 확신이 섰기에 승리한 것이다

정보가 지식이 되고 먼 나라, 먼먼 역사, 나름의 철학으로 넘쳐나는 인터넷

오늘의 요리도 정보로부터

제비집

자신만의 공법으로 건축공사를 하네

빠른 속도로 집을 만들어가네

세금 걱정 없고 층간 다툼도 없으니
소송도 없겠네

법 조항에는 없지만
"아기 석탈해가 궤에 실려 있는 배를 발견하게 되는 메신저, 견우직녀의 가교 역할을 하는 상서로운 새"

지푸라기라도 잡고 싶은 심정으로 지었을까
밖으로 날아가면 박씨가 살까

꿈같은 집, 문장으로 짓고 싶네

부추꽃

꽃대 피어올라 어머니이슬 맺혀 있네

한 방울 속의 일생

나래 펴고 포옹하는 벌 나비 떼

저들만의 놀이가 되었네

갓 피어난 꽃봉오리 바람에

햇살도 잠시 쉬고 있네

새파란 실눈 뜬 뒤뜰의 부추꽃

꽃피는 줄 몰랐던 유년시절

기웃거리며 나 여기에 도착했지

부추꽃 슬픔
〈

고생만 하셨던 당신 모습

아침저녁 부추향 퍼지면

내 어머니 다녀가신 것이네

말하는 낙서

컴퓨터 옆 박스에 쌓인 이면지 스케치북
가만히 펼쳐 본다

가냘픈 손에 꽉 잡힌 몽당연필
종이의 여백을 따라 꿈틀꿈틀
생각의 춤사위를 이룬다

정해진 문자 대신 선으로 이루어진 낙서
가슴에 숨은 감정의 골을 따라
꿈 많은 아이의 마음을 담았다

끊이지 않는 선 속에서 말하는 낙서
딸아이는 의젓한 여중생 되어
자기 뜻을 이루겠다는 야망으로 밤을 꼬박 새운다

누런 연습장에 쓴 무언의 언어

이면지 낙서가 말해주는 이상과 현실 사이
나는 어느 쪽으로도 움직이지 못한다
〈

어느 날 엉킨 말들이 깨어나
어순語順을 정렬할 때까지,

돌

속수무책이다

표정을 잃어가는 우리는

서서히 닳는다

무관심은 가장 외로움

살며시 돌리려고 하지만

움찔움찔 그대로다

언제부터였을지 모를 만져도 단단한 돌

하지만

비바람에도 끄떡하지 않는 우리 사이

나비의 집

이파리 안쪽으로 접힌 작은 집
앙증맞게 애벌레가 들어있다

다닥다닥 붙은 게 그들의 아파트 단지다

얼핏 보면 열매나 꽃으로 위장하고 있지만
애벌레가 살아가는 집

나비가 되기 위해
탈피의 환승역인 이파리에서 산다

이부자, 지부자, 오배자, 열매로 위장한 염부자가 사는 집이다

동과 동 사이로 애벌레 비치고
햇살을 먹는 이파리

우리들은 나비꿈을 먹는다

어머니

그냥, 동화되는 산

나무와 새와 바위를 지켜준다

사는 이유가 당신을 이루기 위함일까

연정이라면 낭떠러지라도 괜찮은 것

비움으로 산에 들면

비비 꼬인 생각이 풀리고 길이 풀린다

산은 당신에 이르는 곳

묘약

짧은 순간에도
웃음의 기억은 남아 있네

오래도록 향기로 남아
누군가 가슴을 따뜻하게 적실 것이네

세상의 고됨을 풀어주는 묘약이 웃음이었네

감사와 충만함으로 살아야겠네

타인과의 관계에서
가장 어색한 순간에 웃음으로
속 깊은 화원을 가꾸고 싶네

웃음을 확장하네

지천으로 퍼져가는 웃음꽃

그 웃음이 또 다른 웃음으로 열리네

흔들리면 집착이 아니지요

내면의 갈등을 해소하기 위함일까
흔들리는 이파리들

원하는 마음을 믿지 않는다면
당신의 지금은 어떨까요

어리석음이 만들어낸 쇠사슬에서
벗어날 수 있는 것은 무엇일까요

곳곳에 존재하는 상대적 아픔
주장하는 뉴턴을 거둬들이는 일인지요
집착에서 벗어나면 하늘처럼 자유로울까요

주어진 길을 묵묵히 비워내면

밑도 끝도 없는 집착이 휴식할까요

3부

여백으로 남겨진 말
지워지지 않는 꽃이다
좋은 말은 우리의 상처를 보듬고
슬픔을 품는다
말이 밝아지면
사람을 너르게 포용할 수 있다

- 「언어라는 삶」 부분

어둠은 빛으로 가는 중

새벽어둠 위에 빛이 비친다

새 울음도 잠을 깬다

퍼덕이는 햇빛 날개

한 줄기 빛이 어둠 속으로 스며드는 날

살면서 발걸음이 자꾸 삐걱거리고

마음이 충돌해도

서로의 빛이 되었다

적막한 내게로 너의 새벽이 들어온다

유리잔 속의 봄

그곳에서 돋아나는 새잎

그렁그렁 매달린 초록 전구의 불빛
온통 젖었네

숨어서도 빛나는 은방울꽃처럼
다 비운 속울음까지 연정이고 싶네

잎사귀 끝에서 톡톡 이슬방울
마음을 진정시키는 영롱한 소리를 내네

겨드랑이를 간질이는 바람
나뭇잎을 돌돌 마는 애벌레 한 마리
연록의 고요를 마름질하네

상처 하나 없이 모든 빛깔을
고스란히 담은 숲

봄을 마중하는 나뭇잎은 시간여행을 떠나는 동반자
잠시 꽃잎에 앉아 목을 축이는

나비가 된 듯하네

막 부려놓은 햇살
물속에 가득하네
봄 시간이 자라고 있네

나와 우리를 위한 꿈

산 너머의 세상을 꿈꾸었다

빛나는 어휘 서너 개쯤 간직하고
석류알 마냥 이 세상에 박혀 있어야 하리

무엇을 바라보며 살아야 하는지
낯설지만 새로운 꿈을 조몰락거린다

숨 막히는 세월은 흘러갔지만
모든 꿈들이 내 안에 기웃거리게 하고 싶다

마음의 그릇에 버킷리스트를
차근차근 채워나가는 것
이루어지지 않아도 절망할 필요는 없다

새뜻한 꿈을 꾼다 떠오르는 태양이 참 곱다

당당하게 포기하지 않고 묵묵하게
한 발자국, 한 발자국씩 나아가겠다
〈

찰나의 시간, 포말 같은 영혼을 위해
마음속에 빈 의자 하나 마련하여
거기에 내가 앉고, 내 이웃이 와서 쉬게 하자

어둠을 밝히는 등대보다
더 맑은 모습으로 세상을 끌어안고 싶다

홍등

꼭대기에 남겨진 까치밥
등불로 걸려 있네

빛나는 홍시
밝히고 있네

바람도 헛디디는 저기
아슬하게 기다리고 있네

엄동에 남은 까치밥
누군가의 밥이 되기 위해
몸을 밝히고 있네

살구나무

핑크빛 물감을 뒤집어쓴 듯
살구 만개했다

벌 나비
꽃에 날아든다

살짝 쥐어도 생채기 날 것 같아
다가올 봄마저 조심스럽다

심장까지 스민 꽃물
허공으로 자꾸 농익어간다

주렁주렁 달릴 생각만으로
한 입 깨물면

내리쬐는 햇살에
나의 봄은 온통 살구다

아름다운 황혼을 꿈꾸며

스스로 결정한 방향이나 목표에 대해
알아가는 것이 삶 같아요

진중한 사색이 있으므로 해서
흔들리지 않는 나침판 역할을 톡톡히 해요

숨 가쁘게 살다
난감한 사정과 맞닥뜨렸을 때
빛나는 지혜를 믿어요

삶이 달콤해지려면
먼저 쓴맛을 맛봐야 한다잖아요

꽃잎에 앉은 매미처럼 황혼은 일몰이지만
여명보다 아름다워야 하지 않을까요
아버님의 말씀이에요

젊었을 때는 꿈을 위해
노년에는 품위 있는 삶을 담아내는 그릇이 될래요
〈

가장 아름다운 황혼을 꿈꾸며
독하게 따라붙는 욕심과 집착을 떼어내요

바라보다

칠흑 어둠이 밝아 옵니다

다시 오늘이 시작됩니다

무엇을 놓칠까 전전긍긍입니다

걸어가면 새벽이 따라붙습니다

피어오르는 물안개입니다

잠시 놓친 것일까요

하지만

오늘의 태양이 떠오르고 있습니다

언어라는 삶

여백으로 남겨진 말
지워지지 않는 꽃이다

좋은 말은 우리의 상처를 보듬고
슬픔을 품는다

말이 밝아지면
사람을 너르게 포용할 수 있다

아픈 말들을 버려야지

오솔길 걸어가는 발걸음이 가벼울 때

무한한 언어가 우리를 넓혀가고 있다

충만

내가 누군가에게 닿고 있을까

혼들리는 마음은
인생에 관한 결정을 스스로 할 수 있는지
순간순간 꽉 찬 진심으로
그 누군가에게는 아름다운지
지난날의 표정을 성찰하고 있는지
후회는 또 다른 후회를 하고 있는지
뚜렷한 목적이 없더라도
목적은 무언가를 열심히 했는지
나는 나로 살아갈 수 있는지
부지불식간에 기대하지 않았던
일상이 태어나는지

내 속에 차고 넘치는 물음들

어느 여름 백록담

거친 숨 몰아쉬며 오르는 백록담
많은 사람이 이 길을 올랐으리라

햇살 비치는 등반길에
촘촘히 놓인 돌계단
앞서간 사람들을 바라보며 가슴을 졸인다

가까워진 하늘과 일렁이는 바람
발끝에 힘이 풀릴 때쯤 정상에 도달했다

한라산 정상 1,950미터
빙빙 맴돌며 날갯짓하는
한 마리 나비처럼 백록담을 바라본다

붉은 흙탕물 한 모금 머금고 있는가

파랑이 열렸다 닫히는 머릿속 화첩
아직 용암의 뜨거움 견디지 못했는지

여태 지독한 몸살을 앓는 듯하다

어떤 경험

햇빛에 반사되는 파스텔 풍경은
묘하고 산뜻한 감정이다

깊은 울림과 신선한 질감을
선명하게 느낄 수 있는
자연스러운 앙상블을 이루고 있다

풍경 속에 녹아있는 하루의
경험이 가져다주는 기쁨이었던 것이다

어떤 개울이 나를 휘감는다

가득 머금은 물결이
추억의 자양분을 만든다

생생한 순간은 징검다리 되어
덤벙덤벙 건너간다

개울이 강으로 흐르는

스토리 전개는 빅 픽처를 이룬다

벚꽃길

봄 따라 걷는다

길이 흐드러지게 피어있다

길 하나를 사이에 두고

꽃 피는 그리움이 다르다

애야, 꽃은 져도 다시 온단다

작년 이맘때쯤 어머니와 이 길을 걸었는데

어머니 활짝 열려있다

파문

수면이 반짝인다

바람결에 잘린 빛들이 물 위에 구르고

미루나무는 하늘을 들어 올린다

내 안의 침묵은 제 길을 찾아 날아간다

물끄러미 들여다보는 물결 위로

당신이 파문을 일으킨다

풀 끝에 이슬방울로 맺힌 표정과

물방울들은 하늘의 구름 되어

이리저리 흘러갈 것이다

수면 위에 일렁이는 얼굴이 있다

모과

향에 빨려 들면
심신이 편안하다

때로는 청순함으로
유혹의 추파를 던지기도 한다

코끝이 향기로워지고
지친 숨결이 편안해진다

모과를 바구니에 담아 놓은 지 한 달
더는 아무것도 받아들이지 않겠다는 듯
시꺼멓게 화석이 되고 말았다

세상의 모든 것과 결별하고도
감정에 휘둘리지 않는 모과

색은 갔지만 향은 살아 있다

4부

역류하던 피톨들을 따스하게 어루만지면
지나온 날들 한낱 거품 같다
서랍의 궤도를 따라 지구가 돈다

- 「서랍의 일상」 부분

서랍의 일상

서랍 속에는 기억들이 산다

문을 열면 칸칸마다
두려움과 샘물과 포스트잇의 시간들이 차곡차곡 있다

풍미가 진한 에스프레소를 마신 날이 기록되어 있다

그날의 아픈 만남이
낙서가 되어 서랍에 산다

역류하던 피톨들을 따스하게 어루만지면
지나온 날들 한낱 거품 같다

서랍의 궤도를 따라 지구가 돈다

거미

이슬 알갱이 영롱하기 그지없네

기다리는 초조함에

날 저문 허공 다 차지하는 거미

허허벌판에 그물 치고

나방이라도 걸려 파닥거리면

잽싸게 칭칭 감아 옭아맨다

그물 짜기는 필사적

보름달을 걸기까지

한 달 내내 허탕만 친 거미

당신의 좌절과 희망이 레이더망에 걸려있다

레이크 루이스

에메랄드빛 호수와 곧게 뻗은 침엽수림을 보고 걸으면 로키 지역의 환상적인 풍경에 매료된다

경이로운 자연과 변화를 주관하는 조물주의 창조 능력에 머리를 숙이지 않을 수 없다

녹아 흐르는 얼음물은 개울을 이루어 레이크 루이스로 흘러 들어간다

눈부시도록 찬란한 빅토리아산과 호수 속에 풍덩 빠져 버린 듯 샤토 레이크 루이스 호텔은 절경이다

거꾸로 선 그림자에게 흰 구름이 얹혀 있어 선계의 세상 같다

시간이 지나면 다른 빛으로 변하는 호수의 신비로운 색상

로키는 가장 인상 깊이 내 뇌리에 꽂혀 있다

동지

어둠이 밝음을 품는다

초승의 애동지 피해

정성껏 새알 빚어 둥둥둥

하늘땅의 음귀를 쫓아낸다

장독대에 놓인 동지팥죽

줄줄이 팔 남매 기억 속

어머니 그리움 서성인다

금계국

비가 온다는 일기예보가 떴다

건강을 위해 걷기 운동을 하는 지석강변

환하게 무리 지은 금계국이 나를 맞이한다

강렬한 색상과 완숙된 모습으로 향기를 품고 있다

질주하는 자전거 바퀴 소리가 강물에 닿고 나는 일정한 보폭으로 걸어간다

어느새 저녁노을에 붉어진 둑길

세속으로 치달리던 조급함을 강물에 띄워 보낸다

마음 버리는 일도 저 꽃만 하기를,

시간의 흔적

걸어온 길 위의 추억을 회상해요

승차권 하나 들고 떠나는 여행
편도 차표밖에 없는 인생을 어떻게 해야 하나요

선 자리 둘러보고 삶을 되돌아보면
어떻게 사는 것이 올바른 것인지
살아가는 방식에 정답이 있는 것은 아니란 것을 깨닫게 돼요

늦게 피는 꽃도 있듯이 조금 늦으면 어떠하랴
그리 훌륭하지 않아도
흘러가야 할 곳으로 인생은
흘러가게 되어 있다고 하지 않던가요

응시할수록 저린 삶의 발목
심장박동이 느려지고 사소한 시름이 일상을 지배해요

하지만 사람마다 시간에 대한 의미가 다르고
활용하는 방식도 제각각이잖아요
〈

시간의 흔적은 마치
벌레들이 갉아먹은 이파리 같아요

얼굴은 내가 살아온 삶이 담긴 그릇이라고 합니다
나의 어떤 품위 있는 인상을 만들어야 할까요

근시

속살거리듯 흐르는 강변을
느긋한 아침을 먹고 걸어가네

물에 던진 돌멩이 파문을 일으키며
바닥까지 떨어져 가라앉을 때
가볍게 물풀이 흔들리네

이름 모를 꽃들이 여기저기 피어나고
청춘을 아쉬워하는 세상의 화려함과 번거로움
마음속의 파란이 사위어가네

내 노년의 삶의 목표는 여일如一하게 살기
지난 시간을 세월이라 한다면
앞으로 맞이할 시간은 설렘으로 맞이하고 싶네

아침나절 내려앉은 안개가 자욱한데
생각의 근시를 강물에 흘리고 있네

복돌이

선한 눈에 호기심 많은 눈짓
살갑게 꼬리를 흔드는 생후 4개월 복돌이

눈망울 초롱초롱
애정의 아이컨택

몸과 몸
마음과 마음
서로 파고드네

스치는 바람 자장가 삼아
일광욕 즐기는 일상도 생겼지

참견을 좋아하는 복돌이
끝까지 가족이네

가로등

가로등이 켜진다

불빛이 당신의 붉은 가뭄 같은 날

하루쯤 건너뛰고 싶었을까
어둠 속에 고개 숙인 등

길을 지켜주고
들고나는 발소리에 놀라기도 한다

가끔 무슨 통증 있는지 꺼졌다 켜진다

가뭄 뚫고 쏟아지는 비에
불빛이 꺾인다

젖은 당신의 등으로
발걸음이 무겁다

비 그치고 아침이 오면

배추 농사

서로를 껴안은 듯 무성하다
둥근 포토에 가냘픈 배추 모종
연둣빛 너의 미소 잊을 수 없었지

까만 멀칭비닐 구멍을 뚫어
다독이며 심었던 너
가끔 물도 주었다

배춧잎에 벌레가 꼬물꼬물
화려한 보호색으로 위장한다
연한 속잎 파고드는 얄팍한 속셈

핀셋으로 일망타진 웃음거리
진딧물 약 시원하게 분사한다

첫 배추 농사 성패를 놓고
흙은 거짓이 없다는 지론을 믿는다

속이 꽉 차는 배추 포기처럼
세상을 품을 수 있는 속을 갖고 싶다

낡아가는 기억

마음을 주고받으면서도 정작 하고 싶은 말을 가슴속에 묻는 경우가 있다

이어졌다 끊어지는 대화에 날 세운 소리가 간간이 끼어든다

바람은 마르지도 젖지도 않는다

되돌아온 풍문처럼 또 다른 시작을 가져오게 하는 것은 아닌지

바람이 내 몸의 격정을 끌어낸다

무겁던 나의 무게도 조금씩 가벼워진다

풍화된 슬픔과 돌아누운 당신의 한숨을 묻어 버린 골목 어귀

나의 과거는 기억의 곳간 속에서 낡아가고 있다
〈

잊고 싶은 것들과, 거머쥐고 싶은 것들은 시간 앞에서 무기력해졌다

한때 나의 전부였던 그 기억들이

마네킹

쇼윈도 속 마네킹이 시선을 사로잡는다

죽어서도 살아있는, 무엇을 입히든 어떤 형태를 취하든

우아하고 환상적인 의상, 유행에 따라 머리카락의 빛깔이나 스타일이 바뀐다

작은 얼굴과 긴 다리는 팜므파탈femme fatale이다

구속하던 모든 것으로부터 자유로워지고 싶을 것이다

어디 아픈 데는 없고 밥은 먹었냐고 안부를 묻는 사람 없다

자신을 표현하기 위해 꼿꼿이 서서 하루를 견뎌내는 마네킹

안부

구겨진 안부를 다시 펼 수 있을까
생각하니 착잡한 안부,

애타는 마음으로 소식을 묻는다
멀리 있는 친구를 생각한다

흔적 속에 남겨진
기억마저 지우려 해도 우정이 아련하다

모서리가 헐고 먼지를 뒤집어쓰고
잡힐 듯 잡힐 듯 멀어져 간다

안갯속으로 점차 희미해지고
기억상자 속의 것들은 차츰 잊혀간다

점점 친구가 뿌옇다

길

기우는 햇살
콘크리트 길에 두 그림자 길게 드리우는데
걸음과 걸음 사이 길이 끼어든다

이어폰을 타고 반복해 흐르는 멜로디
그림자의 길이만큼 햇살은 짧아진다

가만히 옆에 와 걷는 풀꽃들
식물의 색과 냄새가 각기 다른 길을 가진 듯 서성인다

하늘과 구름이 땅에 서성인다
매일 걷는 길에서 스쳐 지나가는
자전거 마니아들, 근사하게 달린다

나는 지금 얼마의 속도로

길 위에서 길을 달리고 있는지

■ 해 설

풍경으로 환치한 '허공 층층' 노래들
― "꽃빛 고이는 곳"과 "햇살에 찔린 기억"에 대하여

김 종(시인·화가)

　시집 『허공 층층』에는 노을 볕을 쬐며 떠나가는 생을 아쉬워하면서도 더 많은 열정을 활활 불사르고 싶은 생에 대한 연민과 사랑이 이랑이랑 일렁이고 있다. 한영숙 시인은 생을 관조하면서도 한 걸음 물러서서 물상들을 묵묵히 어루만지며 사유하고 있다. 너울처럼 일렁이는 시선으로 사물들의 등을 토닥이며 자신과 타자에게 애정 어린 위로를 보낸다. 시편들에 쓰인 시구나 제목도 만만치 않다. "꽃빛이 고이는 곳", "매미 허물", "텅 빈 오후", "익숙한 신발", "꽃구름 공터", "머뭇거리는", "내 안의 회전문", 이 중 어느 것을 집어 들어도 시집의 제목으로 좋을 만큼의 제목들이 생의 깊이를 가늠하게 한다.

슬픔도 시적 상상이라는 제련을 거쳐야

한영숙 시인은 어떤 마음으로 우리가 사는 지상을 걸어왔을까. 시인은 아마도 들꽃처럼 피어있는 갖가지 풍경들을 반추하면서 세월의 한 대목 한 대목을 바라보았을 것이다. 지난날 나의 모습도 저 같겠거니 생각하며 덜컥 그리움의 시간을 소환하여 가슴 밑에 저장해두었을 것이다. 생의 파편 같은 조각들을 퍼즐처럼 맞추어가며 의미망을 찾아가는 진실된 생의 순간들을 모두가 잠든 밤에 홀로 깨어 수틀에 수를 놓듯 써 내려갔을 것이다. 그리 보면 시인의 지나온 시간은 그 자체로 '길'의 의미를 지니는 여정이라 할 수 있다. 그리고 생의 길목마다 마주친 풍경들이 '그리움'이라는 구름을 타고 꽃도 피우고 열매도 맺었을 것이다. 한영숙 시편들은 그리움에 올린 연민이나 반성, 회한 등이 언어라는 수단에 진입하면서 몸 바꾼 정서적 교감으로 읽히고 있다.

문학에서 '상상'을 뺀다면 무엇이 남을까. 모르긴 해도 거기에는 일단 문학이 필요로 하는 개연성의 세계를 어찌 확보할까 하는 문제부터 발생한다. 문학에서 상상은 부풀어 오를수록 미만한 여러 질료가 허구라는 뼈대를 부착한 구조물이 되고 '감동'을 주입하는 것이다. '상상'은 때로 올라타면 곧바로 떠다니는 열기구 같은 뭉게구름일 수 있다. 만약 문학의 자리에서 상상이 없었다면 그 많은 장면과 언어들이 어찌 독자의 가슴마다 환희를 피워 올릴 수 있을까 싶은 것이다.

  작가가 풍부한 상상력을 담보하여 밑천 삼는 것은 좋은 작품 탄생의 절대조건이라 하겠다. 한영숙 시인이 자신의 작품에서 몰입한 주제는 일상 속의 사물들에 상상력을 동원하여 꽃구름 공터를 조성해가는 것이다. 요컨대 일상의 '행복'이라는 주제에 초점을 맞추면서 갖가지 사물에 풍성한 상상력을 결부시켜 수틀에 수를 놓듯이 자신만의 시적 형상에 나아가고 있다. 한 사람의 시인 작가가 펼쳐나가는 세계는 체험의 크기만큼 재조립되며 작가가 의도한 여러 의미적 세계가 담기게 된다. 한영숙 시인의 작품을 독서하면서 삶이란 새삼 적공과 정성의 다른 표현이라는 사실을 인지할 수 있었다. 여기에서 시인이 다다른 유토피아는 세상에 실재하지는 않지만 그에 따른 기쁨과 재미의 형태로 제시되고 있다. 그래서 상상이란 실제로 존재하지는 않지만 때로는 피해의 감정이나 한스러움, 슬픔까지도 시적 상상이라는 제련의 과정을 거쳐서 연민과 위로로 바뀌는 것이다.

    기적도 없이 성스러운 의식이 한창이네
    〈

그리움을 앞질러 가려는지
한꺼번에 꽃이 피고 있네

닿지 못할 골목 어귀까지
꽃 소식 알리려고 나뭇잎이 나폴거리네

미끈한 속살 아래로
물감이 똑똑 떨어질 것 같은 나무
선혈이 낭자하도록 안간힘을 다하네

불티를 간직한 꽃들이
허공 위로 여름을 끌어올리면
나로부터 닫혀 있던 마음이 활짝 열리네

꽃 그림자조차 붉어 눈물이 따끔거리네
나도 뜨겁고, 너도 뜨거운 백일 간!

— 「배롱나무」 전문

  쌀밥 먹기가 그리도 소원이던 시절에 배롱나무는 '쌀밥나무'로 불리던 꽃나무였다. 목백일홍이라고도 하는 나무는 한 해에 꽃이 세 번 핀다고도 하고 한번 개화하면 석 달 열흘을 지속한다고도 하여 일백일의 개화 기간을 두고 '백일홍'이라 이름 붙인 꽃이다. 그러니까 시골에서 장성한, 나이 든 사람이면 이 꽃의 세 번째의 개화기에 들면 머지않아 쌀밥을 먹는다는 기대감에 부풀고 누구를 만나도 무엇을 해도 풍요롭기만 하던 추억의 꽃이었다. 배롱나무는 쌀이고 보리쌀이고 식량부족이 일상이던 시대의 가난과 아픔이 맞물려 쌀밥을 향한 강한 기다림의 상징이었던 것이다.

이제는 이 꽃이 그 같은 기다림을 넘어 그리움으로 몸 바꾼 세상이 되어버렸다. 흔히 남과 북을 비교할 때 한쪽은 쌀과의 전쟁이라면 다른 쪽은 살 빼기의 전쟁에 목숨 거는 형국이라고나 할까. 요컨대 한쪽은 쌀 한 톨이 갈급하고 다른 쪽은 쌀 한 톨이라도 덜 먹기에 비상을 걸었다는 얘기다. 1960년의 통계로 우리의 GNP가 60달러였을 때 북한은 우리의 다섯 배에 가까운 280달러였었다. 하지만 지금의 상황에서 쌀 소비량은 북한의 쌀 절대 부족에 우리는 탄수화물과 결부시켜 아예 천덕꾸러기에다 중대범죄 물질(?) 취급을 하면서 '덜먹기'의 풍조가 만연한 실정이다.

우리 조상들은 가난 구제는 나라님도 못 한다고 하였다. 그만큼 식량부족은 우리의 오천 년을 관류하는 절대 해결 불능의 고질 같은 난제難題였다. 등 다습고 배부른 세상이 그 무엇에도 우선하던 세상에서 식량 증산은 매양 국정과제의 최전방이었다. 뒤돌아보아 불과하면 그 시절이 삼사십 년도 되지 않는 가까운 날의 일이었다.

배롱나무가 꽃 피기 시작해서 낙화까지는 석 달 하고도 열흘이고 모내기를 지나 배동시기에서 여물 드는 시기까지이니 쌀밥 먹기가 소원이던 세월과 맞물린 기간이었다. 작품에서처럼 배롱나무꽃은 '석 달 열흘 동안/ 세 번 피고, 세 번 지고' 그리고서 쌀밥을 먹는다는 사실은 당시로는 그리도 황홀할 수가 없었다. 세 번 피고 세 번 진다는 말과 '석 달 열흘'이라는 시간은 딱 100일이 되는 기간이다. 그래서 붙여진 꽃말이 '백일 간의 사랑'이기도 하고. 배롱나무꽃은 '자미화'라고도 하며 우리 광주와는 인연이 특별한 꽃이기도 하다. 광주 북구에선 구화區花로 지정되었고 가사문학歌辭文學의 성지聖地인 광주호光州湖 일대를 자미탄紫薇灘이라 부르던 것도 이것과 관련된 일이다.

배롱나무는 미목美木이기도 하여 고급 가재도구를 제작하는 재료였다. 그리고 간지럼을 잘 탄다고 하여 '간지 밥나무'라고도 불렸었다. 배롱나무에의 사랑을 전설이라고까지 표현하면서 쌀밥 먹을 날만을 손꼽아 기다리며 천수답 논둑길에서 신당 나무처럼 서 있는 화자의 모습은 그 시절 우리네의 모습을 고스란히 보여준다.

어느 날 소리 소문도 없이 찾아든 목백일홍의 개화에서

시인이 본 것은 볼만하게 펼쳐진 '성스러운 의식'이었다. 꽃말로도 그렇고 꽃핀 모습도 그렇고 흐드러진 한 판의 개화 현장은 "그리움"도 앞지르는 황홀한 모습이었다. 마치 그 같은 개화를 알리려는 듯 골목 어귀 깊숙이까지 나풀거리는 배롱나무 잎들은 상상만으로도 간절한 손짓 같기만 하다. 목피木皮가 미끈한 줄기를 타고 선혈이 낭자한 꽃들의 개화 현장은 온천지가 말 그대로 꽃세상이었다. 아, 그때다. 불티 되어 날릴 것 같은 꽃들의 머리 위로 광활하게 열린 허공을 마주하다가 "나도 뜨겁고, 너도 뜨거운 백일 간!"을 되뇌던 화자의 목백일홍의 사랑 이야기가 저리 황홀한 모습일 줄이야.

"꽃 그림자조차 붉어 눈물이 따끔거리"는 배롱나무의 꽃말은 그래서 '백일 간의 사랑'이다. 그런데 그 사랑이 백 년도 아니고 백일 간이라니 그 촉급함이 새삼 허공 가득 감잡히는 것 같다. '배롱나무'는 단순 제목이면서 이를 통해 사유한 작품의 진행은 새삼 꽃 천지의 장엄한 상상이 개입되어 있다. 작품에서 나도 뜨겁고 너도 뜨거운 백일 간은 전설로도 다다르지 못한 사랑의 일생을 읽는 일이라 하여도 과언이 아니다. 이는 마치 십오 년을 땅속에 묻혔다가 십오일을 뜨겁게 울다가는 매미의 짧은 일생이 떠오르는 순간이다.

1. 공터

오래된 풍경이 자리를 비켜줍니다

오후의 한때가
텅 비워지고

잠시 봄이 들어왔다 나갑니다

2. 헛꿈

알 수 없는 공허는
밀담을 채색합니다

빗나간 계절이 덜컹거리고

어젯밤 굴절된 꿈이
혀끝에 매달립니다

3. 수선화

꽃빛이 고이는 곳은

깊고 고요합니다

햇살에 찔린 기억조차

차츰 유순해집니다

누군가와 말을 하는 지금

4. 안개

도시의 뾰족한 소음들이

차곡차곡 쌓입니다

흩어지던 다른 방향들이

한곳으로 합쳐지는

오늘의 기류 또는 군집

-「꽃구름 공터」 전문

오래된 '공터'를 풍경 삼아 봄을 노래하는 화자의 모습이 보인 듯하다. 공허하기에 '밀담'이 더욱 짙어지는 굴절된 '혀끝'에 매달린 '빗나간 계절'에의 꿈을 꽃빛이 고이는 깊고 고요한 '정밀'의 순간으로 소환하여 "누군가와 말을 하는 지금"이라는 자리의 언어로 깜짝 재치를 끌어낸 한영숙 시인의 언어사용은 새삼 비범함이 돋보인다. 도시의 소음들은 듣기에도 성가실 만큼의 뾰족함이 느껴진다. 하지만 그마저 한곳으로 합쳐지고 차곡차곡 쌓인 "오늘의 기류 또는 군집"까지 독서하면서 시인이 요량한 '공터'에의 시적 의미란 일상이 된 언어적 의미가 그 같았음을 인지하게 된다.

꽃빛 고이는 곳은 "깊고 고요"한 정밀靜謐일 터

　연작으로 창작한 「꽃구름 공터」는 오후의 한때를 지나면서 시진한 '봄날'의 분위기가 공터 같은 공허로 다가오고 '밀담을 채색'하는 시인의 관찰안이 새삼 분명해지는 시간이다. 짧은 네 개의 주제를 담은 옴니버스 형식의 「꽃구름 공터」는 새삼 한영숙 시인의 시적 재치가 이에 이르렀음을 읽어내게 한다. 텅 비워진 '오후의 한 때'는 "오래된 풍경이 자리를 비켜" 준 이후의 자리였다고 생각된다.

그리고 그 자리에는 다름 아닌 '잠시 봄이 들어왔다 나간' 자리이기도 하다. 텅 빈 '공터'의 이미지, 그곳에서의 시간은 정서상 왠지 '오후'의 시간이었을 것만 같다. 그리고 나들이 나간 아이처럼 "잠시 봄이 들어왔다 나갔"다는 대목의 핍진함이 스스럼없이 읽히는 것은 이 작품이 내세운 제목에 연유한 것이기도 하다. 미지에서 비롯된 '공허'에서 "밀담을 채색"한 행위에다 "빗나간 계절이 덜컹거리고" 어젯밤에 굴절된 꿈 얘기를 혀끝에 매달았다는 표현으로 보아 빗나간 시적 상황을 읽을 수 있다. '봄'을 읽고 나서 곧바로 이어받은 바톤처럼 '덜컹거리는 빗나간 계절'은 표현의 의외성이 읽히는 상황이라 할만하다. 어쩌면 채색된 밀담이 혀끝에 매달리면서 굴절된 어젯밤의 꿈으로 하여 시적 상황이 한결 고조되었다는 의미이리라.

  '수선화'를 제재로 한 세 번째 작품은 "누군가와 말을 하는 지금"이라는 상황을 제시하고 있다. 그러면서 "꽃빛이 고이는 곳"이라는 장소에다 "햇살에 찔린 기억"이라는 서사적 시간을 연접하면서 장소와 시간이 구체적으로 드러난 것이다. 꽃빛이 고이는 곳은 "깊고 고요"한 정밀靜謐을 의미할 터이다. 햇살에 찔린 기억은 차츰 유순한 자리로 들어서고 있다. 작품을 읽는 우리가 장소와 시간의 구체성에 대해 개입하거나 언급할 필요는 없다. 다만 '수선화'를 상대로 누군가와 말을 거는 화자는 자신의 심적 상태가 깊고 고요하다거나 차츰 유순해지는 상황으로 이동하면서 회화적으로 형상화한 것을 시간과 장소에 이어 '수선화'로 읽고 있는 것이다.

'안개'는 '기류 또는 군집'의 한 형상이라는 것을 일단의 의미로 읽게 한다. 거기에다 흩어지던 것들의 '다른 방향들이/한곳으로 합쳐지는' 일을 '안개'의 현상으로 보았을 때 도시의 뾰족한 갖가지 소음들은 현대인들이 발언하는 문명과 동일 의미로 이해되고 이를 "한곳으로" 쌓아서 덮어두려는 듯한 독법에서 주제의 독립적 명징함을 읽을 수 있다.

발자국 소리가 엇박자를 내더니
흐느적거리는 걸음새가 지난날을 관조한다

이상과 현실의 간격을 좁히듯
고단했을 삶의 흔적
타협점을 찾아보지만 녹록지 않다

돌멩이에 차였던 아픔도
가시밭길에 찢기었던 기억도

헐거워지고 낡아도

새로운 것보다 볼품없어도

익숙한 것이 더 소중한 나이가 된 듯

길을 찾아 낮게 포복한

삶의 무게에 질식당하지 않으려

상처 난 생도 묵묵함으로 견딘다

고된 여정에도 설렘과 호기심

기울어진 뒤축을 마주한 신발은

막연한 슬픔에 소스라칠지도 모른다

느리고 슬프게, 빠르고 비통하게

때로는 서성이듯 경쾌하게

길 찾아 지구를 떠돌았으나

발자국 하나 남기지 않고

인생길을 걷게 해준 신발에게 경배한다

새로운 꿈을 좇아 신발 끈을 꽉 묶는다

- 「익숙한 신발」 전문

무엇이 맞지 않아 발자국 소리가 "엇박자를" 냈던 것

일까. "흐느적거리는 걸음새가 지난날을 관조"하는 데는 '익숙하다'는 형용사와 동일 의미로 읽히는 것이고 이의 상황인식과도 차이가 없어 보인다. "이상과 현실"이든 "고단했을 삶의 흔적"이든 이들에서 만난 하나의 타협점을 찾는다는 것은 상호 익숙한 것들과의 문제가 그 같았음을 의미한다. "헐거워지고 낡아도/새로운 것보다 볼품없어도" "익숙한 것이 더 소중한 나이가 된 듯"한 인식의 저변에는 돌멩이에 차였던 아픔마저도 사랑하던 때가 있었다. 그리고 가시밭길에 찢기던 기억이 "서성이듯 경쾌하게" 함께했던 것이다. 어떤 사안에서 '익숙하다'는 것은 서투르지 않은 상태가 되었다거나 자주 보거나 겪어서 낯익은 상태이거나 어둡거나 밝은 곳을 적응해 웬만큼은 볼 수 있다는 상태 등을 이르는 말이다.

그러니까 익숙하다는 말은 어떤 현상을 놓고 낮게 포복하거나 삶의 무게에 눌리지 않기 위해 상처 난 생도 묵묵함으로 견디는 여정이 전제되어 있다.

인생길이 고되기는 하되 아무렇지 않은 듯 "발자국 하나 남기지 않"는 지난날을 새롭게 돌아보는 일이기도 하고 "인생길을 걷게 해준" 신발 끈을 단단히 묶으며 '경배' 드리는 모습에서 지금까지의 방식에 새삼 의미를 부여하는 일에 다름 아니기도 하다. 그러니까 화자는 신발 끈을 묶고 길 찾아 지구를 떠돌면서 "때로는 서성이듯 경쾌하게" "느리고 슬프게, 빠르고 비통하게" 이전과 이후의 여정을 함께 아우르고 있다. 작품의 시작 부분에서 우리는 흐느적거리는 걸음새에 엇박자가 난 것을 읽을 수 있었다. 그런 다음 지난날을 관조했다는 사실에 들어서는데 이것은 이후의 작품 전개가 어떠하리라는 것을 지시하는 것과 동일 의미이리라. 사실 '익숙한'이라는 어휘에서 우리가 다다른 의미는 "새로운 꿈을 좇"는 상황과는 분명한 '엇박자'로 갈 수밖에 없었음을 말한 것이리라. 그러나 그 길을 가기 위해서는 지금까지 발자국 하나 남기지 않았고 인생길을 걷게 해준 신발을 향해 경배를 드린다는 의미가 함께한다. 그 과정에는 여러 심정적 굴곡(느리고 슬프게, 빠르고 비통하게)을 지나게 되고 길 찾아 떠돈 것은 새로운 꿈을 좇는 일과 한가지라는 희망적 사실에 들어서는 일이기도 하다.

　　걸어온 길 위의 추억을 회상해요

　　승차권 하나 들고 떠나는 여행
　　편도 차표밖에 없는 인생을 어떻게 해야 하나요

　　선 자리 둘러보고 삶을 되돌아보면
　　어떻게 사는 것이 올바른 것인지

살아가는 방식에 정답이 있는 것은 아니란 것을 깨닫게 돼요

늦게 피는 꽃도 있듯이 조금 늦으면 어떠하랴
그리 훌륭하지 않아도
흘러가야 할 곳으로 인생은
흘러가게 되어 있다고 하지 않던가요

응시할수록 저린 삶의 발목
심장박동이 느려지고 사소한 시름이 일상을 지배해요

하지만 사람마다 시간에 대한 의미가 다르고
활용하는 방식도 제각각이잖아요

시간의 흔적은 마치
벌레들이 갉아먹은 이파리 같아요

얼굴은 내가 살아온 삶이 담긴 그릇이라고 합니다
어떤 품위 있는 인상을 만들어야 할까요
　　　　　　　　　　　　　－「시간의 흔적」 전문

　「시간의 흔적」을 '인생은 여행이고 길 위의 시간이 추억을 만든다'고 하면 이것만으로도 하나의 아포리즘을 읽

는 셈이 된다. 하강은 없고 상승만이 존재하는 인간의 세월에서 일방통행밖에 없는 융통 부재의 일을 "편도 차표밖에 없는 인생"이라 표현했을 것이다. 쌓아 올릴 수밖에 없는 나이라는 탑석에다 떠나가면 다시는 돌아올 수 없도록 제작된 '인생'이란 이름의 열차는 다른 생명체와 함께 일방통행만을 허용받았을 뿐이다.

'얼굴' 하나를 두고도 살아온 세월은 저마다 달라

「시간의 흔적」을 비롯한 한영숙 문학의 언어적 일반성은 철학성이 가미된 사유의 언어화가 그의 문학을 떠받치고 있다. 그래서 한영숙을 일러 관념성이 강한 시인이라 하여도 무방할 듯하다. '감각'과 '관념'을 상대적인 위치에 놓고 어느 것이 더 바람직한 문학적 포즈인가를 가름하는 것은 온당한 일이 아니다. 문학은 나름의 판단과 해석에서 저마다 다를 수 있다. 그리고 항용 의미를 찾는 시의 세계에서 어느 것이 정답이고 어느 것이 합당한가는 말하기 어렵다는 얘기다. 꽃의 개화도 체질이나 생리의 문제에서 비롯되는 것이고 보면 열린 방향에서 어딘가로 흐르게 되어 있는 문학은 곧이곧대로의 생의 모습 같기도 하다. 생각이 골똘한 순간을 언어로 바꾸어내는 한영숙 시인은 '응시할수록 저린 발목'이 삶이라는 인식에 도달했고 "심장박동이 느려지고 사소한 시름이 일상을 지배"하기에, 사는 일은 항용 그 자체로 각다분한 일이라는 인식을 빚어내고 있다.

지극히 당연한 얘기지만 "시간에 대한 의미가 다르고/활용하는 방식이" 사람마다 제각각이라는 것은 긴 설명이 불요할 듯하다. 그래서 착안한 "벌레들이 갉아먹은 이파리 같"은 시간의 흔적은 이 또한 사람에 따라 다르다는 인식을 바탕에 깔고 있다. '얼굴' 하나를 두고도 살아온 세월이 저마다 다르다는 사실은 각자의 삶이 담긴 그릇이라는 것과 마주하는 그쯤에서 시인은 "품위 있는 인상"을 지향하고 있다. 시간은 흔적을 만들면서 이야기를 이끄는 속성이 있다. 일전 엘리베이터를 타고 아파트를 내려가다가 문득 꽂힌 생각 하나가 있었다. 만물의 영장이라는 인간도 마음대로 오르내리는 저 엘리베이터의 자유자재한 나이만은 어쩌지 못하는 것을 생각하며 새삼 그 한계가 극명해지는 순간이었다. "흘러가야 할 곳으로 인생은/흘러가게 되어 있다"는 시인의 순환적인 사고는 삶에 순명하는 저녁노을의 아름다운 귀가와 무슨 차이가 있겠는가.

황금빛 꽃술을 머금고 있네

〈
터질 듯 쉽게 열지 못하는 몸

단아하게 생을 깨우려 하네

가슴속에 불티를 간직한 동백꽃

꾹꾹 삼킨 눈물이 죄스럽기만 하네

존재의 불안만으로 서럽기만 한데

새벽까지 환하게 밝힌 등불

어느 날 뚝 떨어진 모습을 보며

어머니가 그리워 울었네

울지 마라 울지 마라

어디선가 어머니 목소리가 들리네
                        － 「동백꽃 어머니」 전문

작품에서 읽은 "새벽까지 환하게 밝힌 등불"은 무엇을 의미하는가. 어머니는 어느 때고 편한 시간이 없었다. 그런가 하면 잠시 잠깐도 한가할 틈 또한 없었다. 그런 차원에서 어머니가 새벽까지 등불을 밝힌 이유가 궁금하다. 어쩌면 그 시간까지 바느질로 밀리다가 쪽잠도 못 붙인 채 곧바로 디딜방아 품앗이를 기다리며 불을 밝힌 건 아니었을까. 어머니는 잠을 쫓으려고 가슴에 "단아하게 생을 깨우"는 불티를 간직한 따끔한 동백꽃이셨다.

"황금빛 꽃술을 머금고 있"다는 '동백꽃'의 의미가 궁금해진다. 그런가 하면 "가슴속에" 간직을 불씨를 어머니를 상징한 동백꽃으로 비유하여 아프게 읽는 것 또한 가만가만 조심스럽다. 여기에는 "터질 듯 쉽게 열지 못하는 몸"이 자리하고 그 의미적 개연성 또한 여러 방향에서 짚어진다는 의미이다. 화자인 자식이 "꾹꾹 삼킨 눈물이 죄스럽기만 하"다든지 "존재의 불안만으로 서럽기만" 하다는 표현에서 어머니를 상대한 헌신과 사랑의 세월이 그 같았음을 의미한 것이리라.

"어느 날 뚝 떨어진" 동백꽃은 그 많은 세월에 자식과 가족을 위한 갖가지 헌신과 희생의 아이콘이 어머니의 표상이다. "어머니가 그리워 울었"다는 화자는 지난날을 그리 회상했을 어머니에의 간절한 세월 때문이다. 그때 '어디선가' 들려오는 목소리가 있었는데 그것은 다름 아닌

"울지 마라 울지 마라"며 달래시던 어머니의 음성이었다.

일반론으로 봐도 지구촌의 모든 어머니는 절대사랑과 무조건적 사랑의 대표적 상징이다. 어느 교도소에서 복역수에게 '세상에서 가장 보고 싶은 사람'을 물었는데 '엄마'와 '어머니'라는 답이 가장 많았다. 동일 대상인 엄마와 어머니는 어떤 차이가 있는 것일까. 이에 대한 답은 이렇다. '엄마는 내가 엄마보다 작았을 때의 호칭이고 어머니보다 컸을 때 부른 호칭은 어머니'라는 것이다. 그러니까 엄마는 철이 덜 들었을 때 불렀던 이름이고 철이 든 이후는 어머니로 불렀다는 것이다. 그럼에도 한 죄수는 첫 면회 때 자신도 모르게 어머니를 부여안고 "엄마~!" 하고 부르며 울었다고 한다.『부모은중경父母恩重經』에는 '엄마'는 우리를 낳으면서 3말 8되의 응혈凝血을 흘리시고 낳아서는 8섬 4말의 혈유血乳를 먹이신다고 했다. 그래서 엄마는 주민등록증 아닌 '골다공증'이라는 또 하나의 증명서를 소지한 분이 되었다는 것이다.

크게 보아 지금까지의 모든 어머니는 시인들의 단골 소재였다. 그리고 그 많은 노래의 발원지이기도 했다. 어머니는 하느님과 동일 의미로 이해하는 일도 많았고 모든 자리에 임재 할 수 없는 하느님의 대리자로 파견한 분이 어머니라는 것이다. 어머니에게 세상살이는 자식을 기르고 남편 내조하고 살림을 도맡아 하는 천만 가지 일의 주체였을 것이다. 그만큼 '어머니'라는 단어에는 국가와 시대를 초월하여 사랑이 넘치는 가장 친숙한 어휘라는 얘기다. 고향은 무언가를 자꾸 기억하게 하는 그리움의 현장이고 그 중심엔 언제나 어머니가 계셨다. 그런 의미에서 어머니가 계신 곳이라야 고향이라 할 수 있었고 어머니와 고향은 동일어이기도 했었다. 프란치스코 교황이 강론한 예수는 "사랑을 베풀기 위해 먼저 취약해졌고 다가가기 위해 먼저 낮아졌고 제공하기 위해 먼저 희생했다"는 말에서 헌신과 사랑의 일생을 살아오신 이 세상 어머니의 모습을 떠올려본다. 시적 화자의 어머니도 그 모습과 한 치도 다름없음을 또한 읽을 수 있었다.

허공 층층 꽃망울이 머뭇거린다

쪽문을 두드리던 매화가

묵은 얼굴들의 매듭을 푸는지

한두 송이씩 흔들린다

배수진을 친 꽃샘추위에도
〈

발끝에 걸려 있는 하얀 겹의 시간

흔적은 그리움으로 남아

잊히지 않는 얼굴들

머뭇거림이 당신을 놓치면

나는 내내 머뭇거림을 붙들고

— 「머뭇거리는」 전문

　작품 「머뭇거리는」은 한영숙 시인의 시적 자질과 감도를 재는 수작秀作으로 읽었다. 들춰낼수록 잊히지 않는 그리움을 두고 "나는 내내 머뭇거림을 붙들고"에 이르면 무엇인가에 미적거리는 화자의 세월이 보이는 듯하다. 개화 현장을 막아서기라도 하듯 "배수진을 친 꽃샘추위"도 아랑곳없이 미적거린다는 말은 노상 무엇인가에 망설이는 우리네 삶의 한 행태를 그려 보이는 의미에 다름 아니다. 그리고 그 중심에는 화자가 위치하고 그 화자의 모습 또한 우리 모두의 대리자라는 생각이 든다. 꽃철이 되면 꽃망울로 환생하는 '허공 층층'의 장관을 넋 놓고 감상할 때가 있다. 그것들은 저마다 먼저 보낸 매화로 하여 "묵은 얼굴들의 매듭을 푸는지/한두 송이씩 흔들린다"는 표현에 이르면 한영숙 문학이 보인 크나큰 가능성을 읽을 수 있다.

빈자리라면 연필에 침 발라 낙서를 했었다

원형으로서 '머뭇거리다'는 말이나 행동 따위를 선뜻 결단하여 행하지 못하면서 자꾸 무엇인가를 망설이는 현상을 풀이한 동사이다. 이를 끌어들여 "발끝에 걸려 있는 하얀 겹의 시간"은 들춰낼수록 잊히지 않는 그리움의 조각들을 그리 조합한 것이며 이것이 '머뭇거림'으로 치환되면서 '개화'에의 세월을 자못 실감 나게 그리고 있다. 개화의 시간에는 흐르던 세월도 그 현상의 신비를 바라보느라 정신 놓고 멈춰 섰다는 화자의 생각은 시적 신축성이 휘늘어진 버들가지처럼 낭창거리는 맛이 있다.

컴퓨터 옆 박스에 쌓인 이면지 스케치북
가만히 펼쳐 본다

가냘픈 손에 꽉 잡힌 몽당연필
종이의 여백을 따라 꿈틀꿈틀

생각의 춤사위를 이룬다

정해진 문자 대신 선으로 이루어진 낙서
가슴에 숨은 감정의 골을 따라
꿈 많은 아이의 마음을 담았다

끊이지 않는 선 속에서 말하는 낙서
딸아이는 의젓한 여중생 되어
자기 뜻을 이루겠다는 야망으로 밤을 꼬박 새운다

누런 연습장에 쓴 무언의 언어

이면지 낙서가 말해주는 이상과 현실 사이
나는 어느 쪽으로도 움직이지 못한다

어느 날 엉킨 말들이 깨어나
어순語順을 정렬할 때까지,

- 「말하는 낙서」 전문

 어린 시절 연필심에 침을 발라 공책이며, 책상이며, 벽이며, 책장 귀퉁이 어디든 빈자리만 생기면 낙서를 했었다. 사실 우리 세대는 정말 그 같은 낙서로 자신의 미래를 희망의 표현으로 바꾸면서 오늘의 여기까지 성장했었다. '필요는 발명의 어머니', '인내는 쓰다 그러나 그 열매는 달다', '나중에 웃는 자가 가장 잘 웃는 사람', '천리 길도 한 걸음부터', '가는 말이 고와야 오는 말이 곱다' 등등. 그 시절엔 몽당연필이 닳아서 그마저 붙잡기가 어려우면 대롱 같은 데에 박아서 남은 도막이 다 닳을 때까지 써대곤 했었다. 그 시절만의 소중한 기억이라 할만하다. 위의 「말하는 낙서」에서 예의 그 풋풋함이 읽히는 것은 필자만의 생각은 아닐 것이다. 화자의 딸은 "컴퓨터 옆 박스에 쌓인 이면지 스케치북"을 펼쳐서 그곳에 낙서를 해두었었다. 화자도 딸도 "종이의 여백을 따라" "생각의 춤사위"를 낙서로 남겼었다. 가슴에 스민 생각이면 빈자리 어디에나 끄적거리는 게 낙서의 속성이다. 작품에서 말한 감정의 골을 따라 "꿈 많은 아이의 마음을 담았다"는 건 낙서 위에 펼친 딸의 풋풋한 감정을 그리 발언했을 것이다.

연습장도 노트도 빈자리가 보이기만 하면 낙서를 했었다. 그리고 그 이면지의 뒷면에도 "이상과 현실 사이"를 오가는 '무언의 언어'들로 무언가를 무작정 끄적거리는 일이었다. 딸의 의미 없으면서 의미 넘치던 낙서는 "자기 뜻을 이루겠다는 야망"으로 바뀌는 셈이다. 오래된 연습장은 누렇게 빛이 바랬어도 무언의 언어가 샘솟듯 흘러나오고 있다. 그것들은 딸과 화자의 어둠을 밝히는 가로 등과도 같은 불빛의 시간이었을 것이다. 그 같은 과정을 거쳐서 '오늘'의 "엉킨 말들이 깨어나"고 어순 또한 가지런해지면서 낙서가 삶의 길을 이끌어 주는 시간이 도래한 것이다. 낙서를 통한 핍진한 삶의 순간이 세필화細筆畵처럼 조명되고 있는 것이다.

    기억의 저편, 나뒹구는 조각들을 모아 보네

    마음에 커다란 숲 하나 생긴 것처럼 기분 좋아지는 추억은 덤이네

    눈 감지 않아도 둥둥 떠가는 의미를 알게 될 수도 있고

    무의식 속에 묻혀 있던 기억을 꺼내려는 움직임이 내 안에 꿈틀거리네

    과거로 돌아간다면, 아픔을 현실로 호출해내는 행위인지도 모르네

    인생의 향취와 여운은 스스로 만들어가는 법
    〈

살아온 세월의 편린들이 머릿속에 어른거리기 시작하고

  아련한 추억들이 가슴속으로 물결쳐 옴을 느끼게 되네

  걸어온 삶의 여정에 그 가치를 부여하고 뜻깊은 길을
추구해 보려 하네

  기억과 추억의 차이는 고작 한 글자뿐, 언제 어디서나
그리움으로 남네
                    -「기억과 추억」전문

 기억의 저편에 "나뒹구는 조각들을 모아 보"니 "무의식 속에 묻혀 있던" 지난 시간의 "아픔을 현실로 호출해내는 행위인지도" 모른다는 것이 이 작품의 창작의도일지 모르겠다. 사전에서 말하는 '기억'은 "이전의 인상이나 경험을 도로 생각해내는 일"이라고 한다. 반면에 '추억'은 '지나간 일을 돌이켜 생각하는 일'로 정의하고 있다. 이 두 가지 설명을 통해 우리가 생각할 수 있는 것은 일단 두 어휘가 갖는 '이전의 인상'과 '지나간 일'을 통해 다음의 부분을 덧붙이는 일이다. 작품에서 말한 무의식 속에 묻힌 내 안의 움직임은 경험된 것일 수도 있고 아닐 수도 있다. 그러나 과거로 돌아가서 아픔을 현실로 불러내는 행위는 이미 경험된 사실을 전제하는 것이다.

그러나 다음 단계에서 "인생의 향취와 여운은 스스로 만들어가는 법"이라는 의미에서 기억과 추억은 경계 불분명의 상태에 진입한다. 여기에서 우리가 감별할 수 있는 이 두 어휘의 차이는 반드시 경험한 일을 조건 삼지 않는 것이 추억이라면 자신이 직접 겪은 일에 한정한다는 사실의 기억인 것이다. 이처럼 추상적인 어휘를 감각적 표현으로 끌어내는 일은 어디까지나 작가의 철학성에 바탕을 두고 있다고 보는 것이 온당할 것이다.

별자리를 가늠하며 삶의 벼랑을 견디곤 했다

무릇 문학이나 예술의 중심인 '시'를 설명하자면 먼저 문학의 포지션을 살피는 것이 순서일 것이다. 철학과 역사와 문학으로 대별하는 인문학은 역사가 사실과 증거에 근거한다면 철학은 온전한 관념 위에 성립하는 것이니 관념의 세계를 감각적으로 아우르는 통합성의 세계가 문학이라고 할 수 있을 것이다.

그러나 머릿속을 어른거리는 "살아온 세월의 편린"들은 가슴속으로 물결쳐 오는 아련한 추억이 되어 "삶의 여정에 그 가치를 부여하고 뜻깊은 길을 추구"하는 단계에 이르렀다. 그리고 기억과 추억 모두 '그리움'이라는 가치 부여의 뜻깊은 길이 된다는 것이 이 작품이 보인 창작 의도가 아닐까 싶다.

　　마음 안쪽 잘 드러나지 않는 곳

　　포근하게 와닿는 언어들이

　　차가운 가슴을 위무하기도 한다

　　오래도록 밤하늘을 쳐다보며

　　이탈한 별자리를 가늠해 본다

　　견디는 생의 벼랑이 가끔은

　　날 선 말로 인하여 생기기도 한다

　　어느 곳이나 구석이 필요하듯이

　　알 수 없는 힘에 짓눌릴 때면

삶의 긴장을 해소할 방법이 있어야 한다

생각이 먼지처럼 일어서는 날

거친 말들을 품어줄 수 있는 마음으로

내 안의 후미진 곳을 환하게 밝히고 싶다
 - 「말에도 구석이 있다」 전문

  한영숙 시인의 작품들은 예외 없이 시적 사유가 필요한 작품들임은 앞에서도 언급한 바다. 위의 작품 또한 그 같은 생각은 여실하며 그래서 '구석'이 있다는 말의 의미를 어찌 제대로 읽어낼 것인지를 궁구하게 된다. "잘 드러나지 않는" 마음 안쪽에 포근하게 와 닿는 언어들이 가슴의 냉기를 녹이는 것은 당연지사인지라 그것이 생의 진행에 위로의 의미를 지니는 것은 미처 생각하기 어려운 일이 아니다.

  주변에서 흔히 말하기를 '말 한마디로 천 냥 빚을 갚는다'고 한다. 말에는 어느 때나 강한 주술성呪術性을 동반한다. 불행이나 재해를 막으려고 주문을 외거나 술법을 부리는 일을 주술이라 하는 건 주지하는 바다. 그리고 실제 말에는 저마다 신통력이 작용하고 있다는 것이 인류의

오랜 인식이기도 하다. 그래서 불길한 말보다는 위로가 되는 따뜻하고 덕 있는 말 한마디가 의외의 결과를 도출하는 것은 그리 드문 일이 아니다. 각국 간의 '외교' 행위도 실은 전적으로 이 말에 의존하는 정치 행위라는 사실을 상기할 필요가 있다. 오래도록 밤하늘을 쳐다보며 "이탈한 별자리를 가늠"하는 화자에게 가끔씩 생의 벼랑을 견디곤 한다는 표현에 이르면 이들의 출발점은 "날 선 말"에 다름 아님을 알 수 있다.

"삶의 긴장을 해소할 방법"으로서의 '구석'은 그런 의미에서 한영숙 시인만의 특별한 시적 장치 같기도 하다. 얼마 전 필자도 거실 청소를 하다가 구석 자리에 뭉쳐있는 '먼지'를 보고 저리 하찮은 미물도 구석 자리만 주면 큰 덩어리를 짓는다는 사실을 알 수 있었고 그 덩어리를 짓는 데 절대 필요한 공간이 '구석'이었음을 새삼 인식할 수 있었다. 한영숙 시인의 경우도 "생각이 먼지처럼 일어서는 날" 이를 해소할 방법으로 "거친 말들을 품어줄 수 있는 마음"인 말의 구석을 요량했었고 거기에 웅크리고 있는 날 선 말들을 위무함으로써 "내 안의 후미진 곳을 환하게 밝히고 싶"다고 하였던 것이다.

말에도 있다는 '구석'의 의미를 한영숙 시인에게서 읽는 일은 실은 "알 수 없는 힘에 짓눌릴 때" 유일한 출구 같은 구석 자리를 인식하고 그 구석이 어루만지고 풀어주고

녹일 수 있는 내밀한 공간이었음을 고백하는 것이었고「말에도 구석이 있다」가 지닌 작품의 의도에 나아갈 수 있었다.

  속도와 길은 직진을 요구한다
  어느 날 내게 장착된 회전문

  나쁜 감정이 불쑥 끼어들면 자동으로 멈추겠지

  생각을 돌리고 마음을 누그러뜨리면
  유쾌한 기분은 유리벽 안에 가득 차고
  낯선 사람과 조우하며 인연이 스치기도 한다

  참을 수 없을 만큼 빙빙 도는 인생

  절망과 공허함에 휩싸인 투명 울타리
  반걸음만 내디디면 바로 밖인데

  앞으로 나아갈 수 있는 힘으로
  인생의 문을 통과할 때 뿌듯하게 자유를 꿈꾸던 시간

  나만의 회전문을 설치하고 싶다

누구라도 나를 통과할 수 있도록,

- 「내 안의 회전문」 전문

 알 듯 모를 듯 읽은 '회전문'의 의미가 웅숭깊다. 화자는 어느 날 자신의 내면에 회전문을 장착하고 속도와 직진을 요구하는 길에서의 휴식을 찾는다. 작품에서 '속도'는 시간을 의미하고 '길'은 공간을 상징한다. 그리고 이들은 공히 곧바로 나아가라는 '직진'의 자리에 들어선다. 그러나 회전문은 자체적 제어장치가 된 것으로 갑자기 나쁜 감정이 끼어들면 자동으로 멈춘다는 전제를 깔고 있다.

 이 작품이 드러낸 회전문의 이면적 의미는 "생각을 돌리고 마음을 누그러뜨리면" 유쾌한 기분은 유리벽에 가득 차고 낯선 사람과도 만나고 이런저런 인연이 스쳐 가는 길이라는 것이다. 빙빙 도는 회전문을 빌려 "참을 수 없을 만큼" 돌아가는 인생을 그리 표현한 작가의 창작 의도는 참신하다. 사실 어지럽게 돌아가는 것만으로도 우리는 지구의 어느 공간으로 끝없이 낙하할 만하건만 그럼에도 우리는 하루하루를 무사하게 물 건너듯 살아가는 것이다.

 눈으로 확인이 가능한 회전문을 따라가다 보면 결국

앞으로 나아가게 되는 것이 우리네 인생사라 하여도 무리는 아닐 것이다. "인생의 문을 통과할 때" "자유를 꿈꾸던 시간"은 실은 반어적 표현으로 읽을 수 있다. 그리고 그 의미가 입체적으로 드러난 '회전문'이라는 사물에서 직진과 돌아나가는, 우리가 학습한 세상사의 모순관계도 결국은 앞으로 나아가는 일에 다름 아님을 배울 수 있었다. 우리가 살아가면서 마주치는 수많은 사람이나 사건들은 어찌 순탄함만을 바라볼 수 있겠는가. 만나고 싶지 않은 사람, 오르고 싶지 않은 비탈길, 이 같은 일이 어찌 한둘이겠는가. 직진만의 길을 고집하지 않고 빙빙 돌아도 결국 목적지에 도달하는 회전문에는 사물의 이면에 도사린 깨우침의 의미를 동반하는 주요 원리가 숨 쉬고 있다. 이 작품에서 화자인 시인이 최후적 의미로 제시한 생각은 '내 안'에 '나만의 회전문'을 설치하는 일이었다. 그리고 그 문으로 "누구라도 나를 통과할 수 있도록" 직진의 길을 노래한 작품이 「내 안의 회전문」인 것은 물론이다.

우리네 인간이 살아가는 세상에는 전진과 후퇴가 자심한 데도 요지부동으로 하나의 길인 '직진'만을 요구하는 경우가 많았다. 그런데도 회전문이 있다는 것은 인생의 세월이 그 같았음을 적시한 적절한 비유이다. 겸하여 그것들을 변개하거나 재조립할 수 없는 한 '장치'로서의 회전문은 놓여있는 길이 요구한 대로 나아갈 수밖에 없는 존재가 또한 인간임은 재언을 요치 않을 것이다.

한영숙 시집 『허공 층층』에는 웅숭깊은 시구들이 다수 읽힌다. 마땅한 평설이 필요하지만 길어질 것을 염려하여 여기 그 일부만을 나열해 본다.

    선혈이 낭자하도록 안간힘을 다하네/나도 뜨겁고, 너도 뜨거운
                                                      - 「배롱나무」

    햇살에 찔린 기억조차/차츰 유순해집니다/누군가와 말을 하는 지금/흩어지던 다른 방향들이/한곳으로 합쳐지는
                                              - 「꽃구름공터」

    길을 찾아 낮게 포복한/삶의 무게에 질식당하지 않으려/상처 난 생도 묵묵함으로 견딘다
                                                 - 「익숙한 신발」

    승차권 하나 들고 떠나는 여행/편도 차표밖에 없는 인생//시간의 흔적은/벌레들이 갉아먹은 이파리
                                                - 「시간의 흔적」

존재의 불안만으로 서럽기만 한데//어머니가 그리워 울었네//울지 마라 울지 마라

-「동백꽃 어머니」

머뭇거림이 당신을 놓치면//나는 내내 머뭇거림을 붙들고

-「머뭇거리는」

이면지 낙서가 말해주는 이상과 현실 사이//나는 어느 쪽으로도 움직이지 못한다

-「말하는 낙서」

마음에 커다란 숲 하나 생긴 것처럼 기분 좋아지는 추억은 덤이네//언제 어디서나 그리움으로 남네

-「기억과 추억」

생각이 먼지처럼 일어서는 날//거친 말들을 품어줄 수 있는 마음으로//내 안의 후미진 곳을 환하게 밝히고 싶다

-「말에도 구석이 있다」

참을 수 없을 만큼 빙빙 도는 인생//나만의 회전문을 설치하고 싶다//누구라도 나를 통과할 수 있도록,

-「내 안의 회전문」

새삼 부연할 필요도 없이 다시 읽노라면 시인의 깊은 사유가 호수에 반짝이는 윤슬처럼 우리 가슴에 반짝이는 것을 느낄 수 있다. 그리 보면 '그리움'은 문학을 채우는 본질이면서 기질적 질량에 이어지는 문제로 그 크기만큼 작가나 시인을 평가한다는 사실이다. 문학은 어느 곳이든 그 문학만의 '그리움'이라는 독자적인 에너지가 존재한다. '그리움'이라는 에너지는 문학이라는 하늘의 문을 열고 특별한 감동을 인간에게 제공하는 일이다. 한영숙 시인도 절로 정을 키우고 침잠하는 상대를 에너지의 주입구로 열어두고 그리움이라는 샘 자리가 샘솟고 있다. 세상을 떠받치자면 감성 만점의 그리움도 지탱할 허리가 필요하고 이를 감각할 또 다른 표정과 눈짓과 함성이 뒤따르게 마련이다.

문학에 살을 붙이는 '상상'은 풍성할수록 '그리움'이라는 거대 강물을 형성하면서 사물의 말초신경까지를 감각하면서 문학이라는 바다로 나아간다. 바슐라르는 "상상한다는 것은 현실을 떠나는 것"이라고 하였다. 어찌 현실을 떠나는 상상 없이 인간세상의 감동을 목표할 수 있겠는가. 문학이 인간 세상의 미감을 해갈하는 일은 역설적이게도 우리가 현실 밖으로 나가 이상세계를 두루 교류하고 그 속에 들여세울 갖가지 사물을 새롭게 창조하고 표현하고 향유하는 특권을 누리는 언어적 상상과 능력을 전제하는 것이다.

내 안의 후미진 곳을 환하게 밝히는 말

요컨대 상상은 부재에서 실재를 만드는 것이 아니고 체험되었거나 존재했던 사실을 토대로 보다 새롭고 보다 특이한 사물로 이동하거나 재창조하는 일이다. 그래서 스티븐즈는 "상상은 그 자체로 자유의 정신이며 실재하는 것에 대한 자유"라고 갈파하고 있다. 그러니까 스티븐즈가 말한 '자유의 정신'이란 "실재하는 것에 대한 자유"라는 결론에 도달하고 시인이나 작가의 문학적 작업이 이에서 시작되는 것이다. 그런 연유로 한영숙 시인이 상상의 날개를 마음껏 펼치고, 그가 발 딛고 있는 현실에서 자유롭게 떠오른 드론의 시선으로 사유한 결과물인 시집 『꽃구름 공터』는 독자들에게 새로운 경험과 감동을 주기에 부족함이 없다고 할 것이다. 달리는 말에 채찍질하더라고 한영숙 시인에게 이후의 더 많은 그리움과 더 풍성한 언어적 상상력을 주문하며 평설을 마친다.

상상인 시인선 018
허공층층

초판 1쇄 발행 | 2022년 9월 7일

지 은 이 | 한영숙

펴 낸 곳 | 도서출판 상상인
펴 낸 이 | 진혜진
북마스터 | 이성혁 신상조
표지디자인 | 최혜원

등록번호 | 제572-96-00959호
등록일자 | 2019년 6월 25일
주   소 | 06621 서울시 서초구 서초대로74길 29, 904호
전화번호 | 02-747-1367, 010-7371-1871
팩   스 | 02-747-1877
전자우편 | ssaangin@hanmail.net

ISBN 979-11-91085-67-9 (03810)

값 10,000원

* 이 책은 전부 또는 일부 내용을 재사용하려면 반드시 저작권자와 도서출판 상상인의 동의를 받아야 합니다.
* 이 책은 교보문고와 연계하여 전자책으로도 발간되었습니다.